VEGETARISCH KOCHEN MIT DEM WOK

G. POGGENPOHL

VEGETARISCH KOCHEN MIT DEM WOK

EDITION XXL

Vorwort

Gesunde Ernährung wird für viele Menschen immer wichtiger und sie suchen ständig nach neuen Alternativen.
Der Wok als Kochgerät kann so eine Alternative sein. Dieses Kochgerät ist in seiner Form und Funktion seit Jahrtausenden in China unverändert.
Durch die weite Form des Wok kann man darin sehr gut braten und dünsten.
Sein Prinzip beruht darauf, dass er an seinem tiefsten Punkt sehr heiß wird und die Hitze gleichmäßig, aber nach oben hin immer geringer wird.
Die halbrunde Kugelform ermöglicht es, mit wenig Energie eine große Wirkung zu erzielen.
Der Wok wird in China und auch in anderen asiatischen Ländern auf offenem Feuer bzw. auf Gasöfen verwendet und besteht aus gut hitzeleitfähigen Materialien, entweder aus Eisen oder Gusseisen.
Der Wok ist ein Universalküchengerät und ersetzt jede(n) handelsübliche(n) Topf oder Pfanne.
Beim Pfannenbraten oder -rühren werden die Zutaten mithilfe einer kleinen Schaufel, der Wokspachtel, in der gewölbten Pfanne durcheinander gerührt, so dass sich immer nur ein Teil des Bratgutes im Hitzezentrum befindet, während der andere Teil an den kühleren Seitenwänden nachziehen kann. Durch die extreme Hitze, die sich am Boden des Wok entwickelt, schließen sich die Poren im Gemüse sehr schnell und die wichtigen Vitamine, Mineralien und das Eigenaroma bleiben erhalten. Man kommt außerdem mit einem Minimum an Fett aus.
In diesem Kochgerät wird auch frittiert, gekocht, geschmort, gedünstet und gedämpft.
Dieser „Universaltopf" ermöglicht es natürlich auch, europäische Gerichte, die aus klein geschnittenen Zutaten bestehen, zu garen.
Trotz der sehr hohen Temperaturen im Wok ist es ratsam, das Gemüse portionsweise anzubraten. Damit wird verhindert, dass die Temperatur bei größeren Mengen zu schnell absinkt.
Dank des großen Innenraumes und des gewölbten Domdeckels kann man im Wok hervorragend dämpfen.
Auch Frittieren funktioniert im Wok besser als bei allen herkömmlichen Fritteusen. Durch seine spezielle Form, die sich nach oben hin weitet, kommt man beim Frittieren mit wenig Fett oder Öl aus und die auszubackenden Speisen finden beim Aufsteigen an die Oberfläche genügend Platz und stoßen nicht aneinander.
Gerade für Vegetarier ist der Wok ein ideales Küchengerät. Durch die schonende Kochweise bleiben alle wichtigen Vitamine, Mineralstoffe und andere Bestandteile der Nahrung erhalten.

Ich habe in diesem Buch versucht, einige der Möglichkeiten, die der Wok bietet, in Form von Ratgeberseiten und Rezepten zusammenzufassen. Alle Rezept-Angaben gelten für 4 Personen.
Sie benötigen jetzt nur noch einen Wok, die entsprechenden Zutaten und etwas Zeit.
Viel Spaß beim Zubereiten der Speisen und beim Genießen – allein oder mit Freunden – wünscht Ihnen

G. Poggenpohl.

Gesunde Ernährung

Gesunde Ernährung ist so einfach. Sie brauchen sich nur vielseitig zu ernähren, das heißt, die verschiedensten Nahrungsmittel roh oder gekocht zu sich zu nehmen. Mehrere Mahlzeiten am Tag, fünf oder mehr. Ein Vegetarier, der sich die Mühe macht, alles frisch zuzubereiten, hat einen Mangel an Vitaminen, Mineralstoffen, Spurenelementen, Ballaststoffen und ungesättigten Fettsäuren nicht zu befürchten. Diese sind nämlich in allen pflanzlichen Nahrungsmitteln reichlich vorhanden. Ein Vitaminmangel in unseren Breiten ist nur bei sehr einseitiger Ernährung oder Krankheit möglich.

Pflanzliche Kost ist unsere natürliche Nahrung.

Unser gesamter Körperaufbau weist darauf hin. Die abgeflachten Backenzähne sind dazu geschaffen, die pflanzliche Nahrung zu zerkleinern. Die menschliche Magensäure ist um ein Vielfaches schwächer als die Magensäure von Fleisch fressenden Tieren.

Außerdem kann unser Körper kein Vitamin C bilden, was z. B. bei Raubtieren der Fall ist. Wir Menschen müssen Vitamin C über die Nahrung zu uns nehmen. Unser Speichel enthält ein Enzym, mit dem wir pflanzliche Stärke abbauen können. Der Körper des Menschen hat sich im Laufe der Jahrtausende an tierische Nahrung nur in geringem Umfang gewöhnt, aber nicht vollständig angepasst. Dieses nur teilweise Anpassen zeigt sich z. B. darin, dass viele Menschen als Erwachsene keinen Milchzucker vertragen. Wenn wir Fleisch zu uns nehmen, dann ist es für uns sehr schwer verdaulich. Es bleibt lange in unserem Verdauungstrakt und belastet uns sehr.

Dies sind nur einige Gründe, warum Sie Ihr Essverhalten ändern sollten. Ich empfehle Ihnen, Ihr Essverhalten langsam und stetig zu verändern. Radikale Änderungen sind nicht immer einfach durchzuhalten und vielleicht müssen Sie sogar auf Ihre Familie Rücksicht nehmen. Eine langsame Umstellung fällt dann nicht so sehr auf. Die Rezepte in diesem Buch werden Ihnen helfen, damit diese Umstellung gelingt.
Als Ergänzung zum Thema „vegetarisch kochen“ empfehle ich Ihnen das Buch „Wir stehn auf vegetarische Küche“ aus dem gleichen Verlag.

Was Sie beim Einkauf beachten sollten

Heute stehen Ihnen alle Möglichkeiten offen, sich vielfältig und gesund zu ernähren. Nutzen Sie sie. Denn eine gesunde, natürliche Ernährung ist vielseitig und bietet von allem etwas: Obst, Gemüse, Nüsse, Milch, Jogurt, frisch gepresste Fruchtsäfte, Vollkornprodukte, etc.

Je abwechslungsreicher Ihre Nahrung, desto gesünder sind Sie

Achten Sie darauf, dass Sie Obst und Gemüse aus Ihrer Region und entsprechend der Jahreszeit kaufen. Müssen es unbedingt Erdbeeren im Winter sein?

Einkauf von Gemüse

Nicht jeder kann seinen eigenen Garten haben. Deshalb nimmt der Einkauf einen besonderen Platz ein. Kaufen Sie Obst und Gemüse nicht ohne genaue Betrachtung. Fragen Sie sich – gerade bei Obst und Gemüse –, ob das Angebot der Jahreszeit entspricht und wo es herkommt. Bedenken Sie, wie lange Gemüse oder Obst von der anderen Seite der Erde unterwegs ist, bis man es bei uns kaufen kann. Es gibt Untersuchungen, dass manche Gemüsesorten schon drei Tage nach der Ernte nur mehr 50 % ihres ursprünglich enthaltenen Vitamin C enthalten. Deshalb ist es sehr wichtig, wirklich frisches Gemüse einzukaufen.
Es gibt auch außerhalb der Erntesaison eine sehr gute Alternative: in unseren Regionen gewachsenes, gereiftes und geerntetes Gemüse, welches im Schock verfahren eingefroren wurde. Achten Sie auch hier auf Qualität. Oft sind die teuren Tiefkühlprodukte auch die besseren.

Achten Sie beim Kauf von Gemüse darauf, wo das Gemüse herkommt. Während der Obst- und Gemüsesaison bieten Wochenmärkte und Fachgeschäfte in Ihrer Nähe gute heimische Ware an.
Überprüfen Sie die Schnittfläche des Salates oder des Gemüses. Wenn

diese Fläche braun oder trocken ist, lassen Sie die Finger davon. Je frischer die Ware ist, die Sie einkaufen, umso gesünder ist sie. Auch sollten Sie Salate und Gemüse – in Plastikfolie eingepackt – meiden. Diese Folie begünstigt das Wachstum von schädlichen Mikroorganismen und Pilzen.

Obst und Gemüse mögen es kühl und dunkel.

Am besten bewahren Sie Obst und Gemüse getrennt im untersten Fach Ihres Kühlschrankes auf.
Verschiedene Hersteller bieten hervorragende Behältnisse für Obst und Gemüse an. Denken Sie daran, dass die meisten Vitamine Licht und Sauerstoff schlecht vertragen.
So dekorativ ein Obstkorb oder eine Schale mit Früchten aussehen mag, den Früchten tut es nicht so gut. Auch von der Decke hängende Drahtkörbe, mit Karotten, Salat, Kohlrabi und anderem Gemüse gefüllt, lassen die Vitamine im Nu verfliegen.

Frische Kräuter

Wie vorhin schon erwähnt, sollten Sie, wenn es irgendwie geht, Ihre Speisen selbst zubereiten. Dazu sind ein paar Kräuter auf der Fensterbank sehr hilfreich. Kräuter in Töpfen können Sie für wenig Geld im Garten- und Lebensmittelhandel kaufen oder auch selber ziehen.
Für Ihre Fensterbank eignen sich vor allem Basilikum, Estragon, Kerbel, Koriander, Majoran, Petersilie, Rosmarin, Salbei, Schnittlauch, Thymian, Zitronenmelisse usw.
Schneiden Sie frische Kräuter erst kurz vor dem Servieren ab. Hacken Sie diese dann grob und geben Sie sie über die Speise.

Die Zubereitung

Da wir nicht nur von Rohkost leben können, sollten Sie bei der Zubereitung der Speisen einige grundlegende Dinge beachten.

Gemüse

Gemüse erst kurze Zeit vor dem Kochen aus dem Kühlschrank holen. Immer vor dem Schneiden waschen. Nicht im Wasser liegen lassen, sonst fließen die Vitamine mit dem Waschwasser in den Ausguss.
Das Gemüse mit einem möglichst scharfen Messer schneiden. Je weniger Gemüsefasern beschädigt werden, desto mehr Vitamine bleiben erhalten und gehen nicht durch Oxidation verloren.
Kochen Sie Kartoffeln – gerade die Frühkartoffeln, die es ja schon ab März zu kaufen gibt – mit der Schale. Dadurch haben Sie nur einen geringen Verlust an Vitaminen und wichtigen Nährstoffen.

Gehen Sie bei der Verarbeitung von Salat folgendermaßen vor:
Das Strunkende mit einem scharfen Messer abschneiden, so dass Sie die Blätter lösen können. Dann mit kaltem Wasser abwaschen. Wenn Sie eine Küchenbrause besitzen, einfach nur abbrausen.
Auch beim Putzen der Salatblätter sollten Sie Acht geben. Nicht die hellen Salatblätter oder gar das „Herz" sind am gesündesten, sondern die dunklen, äußeren Blätter. Je dunkler die Blattfarbe, desto wertvoller; dasselbe gilt auch für die meisten Gemüsesorten. Die Salatsauce in einem separaten Gefäß vorbereiten und erst kurz vor dem Servieren über den Salat gießen.

Wenn der Winter kommt!

Sollten Sie außerhalb der Frischgemüse-Saison auf Tiefkühlgemüse ausweichen wollen, möchte ich Ihnen dazu einige Informationen geben.
Durch die speziellen Einfrierverfahren der Industrie mit sehr kalter Luft bei -40° C bleiben viele Vitamine erhalten.
Sie müssen beim Weiterverarbeiten nur einige grundlegende Dinge beachten:
Achten Sie schon beim Einkaufen der Tiefkühlprodukte darauf, dass es sich um eine moderne Tiefkühltruhe handelt, möglichst mit Deckel oder Tür. Nehmen Sie zum Einkauf eine spezielle Isoliertasche oder -verpackung mit. Sonst ist das Kühlgut schon angetaut, wenn Sie nach Hause kommen.

Die Vorbereitung

Das richtige Schneiden von Gemüse für den Wok

Richtig geschnittenes Gemüse ist das Geheimnis und die Voraussetzung für das Kochen mit dem Wok.
Der Wok zeichnet sich durch sehr kurze Garzeiten aus. Man kann die unterschiedlichen Garzeiten der verschiedenen Gemüsesorten, die beim Kochen im Wok miteinander vermischt werden, durch die Größe der Würfel, Scheiben oder Streifen ausgleichen.

Faustregel:

Je fester und härter die Struktur von dem Gemüse ist, desto kleiner sind die Würfel, Scheiben oder Streifen zu schneiden.

Feste, harte Gemüse wie z. B. Karotten, Paprika, Kraut und Sellerie werden in ca. 3 mm starke Würfel oder in ganz dünne Streifen geschnitten, denn sie geben beim Braten mit hohen Temperaturen keinen Saft ab. Beim Pfannenrühren reichen dann Garzeiten von 4-5 Minuten aus.
Weiche Gemüse wie Pilze oder Zucchini werden in ca. 5 mm starke Würfel, Scheiben oder Streifen geschnitten.

Der Wok – das universellste Kochgerät

Arten von Woks

Unsere westlichen Küchen sind mit Elektro- oder Gasöfen ausgestattet, auf denen der ursprüngliche Wok mit dem gewölbten Boden nicht stehen könnte. Aus diesem Grund bietet die Industrie Wok-Pfannen mit ebenen Böden an.
Die meist verwendeten Materialien sind Gusseisen, Edelstahl, Stahlemail oder Kupfer.

Preisgünstig und stabil ist der Wok aus Gusseisen. Er bedarf jedoch einer speziellen Pflege. Damit er nicht rostet, sollte dieser Wok nach dem Spülen regelmäßig eingeölt werden..

Hervorragend, allerdings etwas teurer, sind die Edelstahl-Woks. Der dicke Boden leitet die Wärme ausgezeichnet an den Seitenwänden des Wok hoch. Außerdem sind diese Woks mit einer besonderen Bratfläche ausgestattet, die das Braten ohne oder mit nur sehr wenig Fett ermöglicht. Standardmäßig wird bei diesen Edelstahl-Woks ein Dünsteinsatz mitgeliefert, welcher hervorragende Dienste leistet. Ein gut schließender Deckel ist zum schonenden Dünsten Ihrer Speisen wichtig.

Werkzeuge beim Kochen mit dem Wok

Wok-Spachtel

Das Gerät zum Pfannenrühren, denn nur mit ihm können die Zutaten im Wok ständig durcheinander gerührt werden, damit nichts anbrennt. Materialien sind entweder Holz oder hochwertiges, hitzebeständiges Nylon. Spachteln aus Metall sind nicht geeignet, da sie den Wok-Boden zerkratzen würden.

Sieblöffel

Er wird zum Herausnehmen der frittierten oder gebackenen Speisen verwendet, es gibt ihn in verschieden großen Durchmessern. Wegen der großen Hitze im Wok ist der Griff aus Bambus oder Holz, denn diese Materialien sind keine Hitzeleiter und Sie können sich nicht verbrennen.

Abtropfgitter

Ist als Standardausrüstung bei jedem Wok dabei.
Auf diesem Gitter können während des Garens bereits fertige Speisen zum Abtropfen oder zum Warmhalten abgelegt werden.

Dampfkorb

Ein Einsatz für den Wok, den es in verschiedenen Größen zu kaufen gibt.
Er besteht aus Bambus und ist so beschaffen, dass der Dampf ungehindert die darauf liegenden Lebensmittel durchdringt und sie dadurch gart.
Bei den Edelstahl-Woks für Elektroherde wird ein runder Einsatz aus Edelstahl zum Dämpfen bereits mitgeliefert.

Hackbrett

Da fast alle Zutaten vor dem Garen zerkleinert werden müssen, ist ein großes Hackbrett ein nützlicher Helfer beim Schneiden. Außerdem hat man auf einem großen Brett die Möglichkeit, die vorbereiteten Zutaten in kleinen Häufchen übersichtlich zu platzieren.

Die verschiedenen Garmethoden im Wok

Pfannenrühren

Das Pfannenrühren ist die häufigste Garmethode, die beim Kochen mit dem Wok angewendet wird.
Es zählt zu den ältesten Garmethoden der Welt. Bei dieser Technik, die mit dem Wok-Spachtel ausgeführt wird, ist das Gargut in ständiger Bewegung. Durch die sehr hohe Hitzeentwicklung im Wok verschließen sich die Poren sehr schnell und dadurch bleiben die frische Farbe, die Vitamine, Mineralien und das Eigenaroma weitgehendst erhalten.
Außerdem ist es bei der Schnelligkeit dieser Garmethode äußerst wichtig, dass alle Zutaten vorbereitet sind, d. h. abgemessen, geschnitten oder gehackt bereitstehen. Kleinste Verzögerungen können dazu führen, dass die Speise misslingt. Beim Pfannenrühren kommt es wirklich auf die Minute an.

Pfannenrühren, anschließend mit wenig Flüssigkeit gar dünsten

Zu verschiedenen Gerichten werden häufig Kartoffeln, Nudeln oder Reis serviert, deshalb ist es sehr lecker, auch etwas Sauce zuzubereiten.
Das Gemüse wird ca. 2-3 Minuten pfannengerührt, anschließend mit etwas Flüssigkeit wie z. B. Wasser oder Gemüsebrühe, Wein oder Sherry angegossen und bei niedriger Temperatur weitere 2-3 Minuten gedünstet.

Pfannenrühren, anschließend im eigenen Saft gar dünsten

Das gelingt am besten bei Gemüse mit hohem Wasseranteil, wie z. B. Tomaten, Champignons oder Fenchel.

Diese Gemüse werden bei starker Hitze 2-3 Minuten pfannengerührt, anschließend bei reduzierter Hitze nochmals ca. 3-4 Minuten im eigenen Saft gedünstet. Um den Eigengeschmack der Gemüse zu erhalten, geben Sie die Gewürze erst ganz zum Schluss hinzu.

Dämpfen im Wok

Dämpfen ist die schonendste Garmethode. Die Vitamine und Aromen bleiben weitgehendst erhalten.
Diese Methode funktioniert beim Wok mit einem Bambus- oder Metalleinsatz, auf den die Speise gelegt wird.
Der große Innenraum des Wok und der gewölbte Domdeckel sind zum Dämpfen gut geeignet. Um Gemüse zu garen, reichen wenige Minuten aus. Die Farbe bleibt frisch und das Gemüse hat noch Biss.
Zum Dämpfen wird Wasser in den Wok gefüllt und der Dämpfeinsatz aus Bambus oder Metall mit den zu garenden Zutaten gefüllt in den Wok eingesetzt.
Die Zutaten sollten Sie vor dem Dämpfen kurz in kochendes Wasser tauchen. Zum einen schließen sich die Poren des Gargutes, zum anderen werden Bakterien abgetötet.

Frittieren

Frittieren im Wok funktioniert besser als bei allen herkömmlichen Fritteusen. Durch seine besondere Form, die sich nach oben hin weitet, ist es möglich, mit weniger Fett oder Öl auszukommen und die auszubackenden Zutaten finden dennoch genügend Platz, sich an der Oberfläche auszubreiten, ohne dass sie aneinander stoßen.
Auch das Abtropfgitter, das zu jedem Wok standardmäßig mitgeliefert wird, ist sehr praktisch.
Hierauf können fertig frittierte Speisen zum Abtropfen gelegt werden und sie bleiben warm.
Es ist sehr wichtig, dass das Fett, bevor Sie das Gargut einlegen, den Siedepunkt von 175° C erreicht hat. Machen Sie die Temperaturprobe: Geben Sie ein kleines Probierstück in das Fett. Schäumt das Fett richtig auf und das Probierstück kommt schnell an die Oberfläche, dann ist die Temperatur richtig.

Ihrer schlanken Linie zuliebe sollten Sie dies beherzigen. Ist das Fett heiß genug, schließen sich die Poren sofort und das Frittiergut kann nicht so viel Fett aufsaugen.
Damit das Fett nicht so schnell abkühlt, ist es ratsam, immer nur kleine Mengen zu frittieren.
Speisen werden besonders knusprig, wenn sie zweimal kurz hintereinander frittiert werden.

Spinat-Maultaschen in Gemüsebrühe

Zutaten:

2 Zwiebeln
1 Karotte
1 Stange Lauch
1/2 Knolle Sellerie
1 Petersilienwurzel
1 l Wasser
2 Knoblauchzehen
200 g Spinat
1 EL Butter
Salz
Pfeffer
Muskat
125 g Mozzarella
250 g fertiger Nudelteig

Zubereitung:

1. Die Zwiebeln schälen, eine Zwiebel für die Gemüsebrühe vierteln, die andere Zwiebel fein hacken und beiseite stellen. Die Karotte waschen, schälen und in feine Streifen schneiden. Den Lauch waschen und ebenfalls in feine Streifen schneiden. Den Sellerie und die Petersilienwurzel waschen, die harten Teile entfernen und das andere grob schneiden. Wasser in einem Topf aufsetzen und das Gemüse hineingeben. Die Gemüsebrühe eine Stunde köcheln lassen und danach abseihen.

2. Den Knoblauch schälen und fein hacken. Den Spinat waschen, putzen, abtropfen lassen und grob hacken. Den Mozzarella in kleine Würfel schneiden.

3. Die Butter im Wok erhitzen und die gehackten Zwiebeln darin glasig dünsten. Den Knoblauch und den Spinat dazugeben und so lange dünsten, bis der Spinat zusammenfällt. Mit Salz, Pfeffer und Muskat würzen. Abkühlen lassen. Dann den Mozzarella unterrühren.

4. Aus dem Nudelteig Kreise ausstechen, in die Mitte etwas Spinatmasse geben, zu Halbkreisen zusammenklappen und die Ränder mit einer Gabel gut andrücken, damit sie beim Kochen nicht aufgehen können.

5. Die Maultaschen in die kochende Gemüsebrühe geben, 10 Minuten leicht köcheln lassen und zusammen mit der Gemüsebrühe servieren.

Knoblauchsuppe

Zutaten:

12 Knoblauchzehen	
40 g Butter	
40 g Mehl	
1 l Gemüsebrühe	
2 Eigelbe	
150 ml süße Sahne	
2 EL Butter	
Salz	
Pfeffer	
2 EL frisch gehackte Petersilie	
3 Scheiben Toastbrot	
2 EL Butter	

Zubereitung:

1. Die Knoblauchzehen schälen, mit einem breiten Messer zerdrücken und ganz fein hacken.
In einem Wok die Butter schmelzen, den Knoblauch darin andünsten, das Mehl einstreuen und unter ständigem Rühren eine helle Mehlschwitze herstellen. Mit der Gemüsebrühe ablöschen und so lange mit einem Schneebesen rühren, bis keine Klümpchen mehr in der Suppe sind. Die Hitze reduzieren und ca. 15 Minuten köcheln lassen, dabei immer wieder umrühren.

2. Die Toastbrotscheiben in gleich große Würfel schneiden. In einer Pfanne die Butter schmelzen und die Brotwürfel von allen Seiten anrösten. Die Croûtons auf Küchenkrepp legen und das Fett abtropfen lassen.

3. Die Petersilie waschen, trockenschütteln, die Blätter abzupfen und klein hacken. Die Suppe durch ein feines Sieb in eine Schüssel umschütten, den Rest mit einem Kochlöffel etwas durchdrücken, dann alles wieder in den Wok geben, zurück auf den Herd stellen und bei geringer Temperatur warm halten. Die Suppe darf nicht mehr kochen.

4. Die Eigelbe mit der Sahne verschlagen und unter ständigem Rühren mit einem Schneebesen in die Suppe einlaufen lassen. So lange weiterschlagen, bis die Konsistenz der Suppe cremig wird. Mit Salz und Pfeffer würzen.

5. Die Suppe in Tellern anrichten, mit der gehackten Petersilie bestreuen und mit den Croûtons garnieren.

Kartoffel-Kürbis-Suppe

Zutaten:

200 g frische Pfifferlinge
400 g Kartoffeln
400 g Kürbis
1 Zwiebel
1 Stange Lauch
1 EL Öl
1/2 l Gemüsebrühe
Salz
Pfeffer
1 EL Essig
1 TL brauner Zucker
1 EL Schmand

Zubereitung:

1. Die Pfifferlinge putzen und beiseite stellen.

2. Die Kartoffeln, den Kürbis und die Zwiebel schälen und in kleine Würfel schneiden. Den Lauch putzen, waschen und in feine Ringe schneiden.

3. Den Wok erhitzen, das Öl hineingeben und heiß werden lassen. Die geputzten Pilze dazugeben und unter Pfannenrühren ca. 5-8 Minuten braten. Anschließend mit dem Schaumlöffel herausnehmen, auf einen Teller legen und warm stellen oder auf das Abtropfgitter des Wok legen.

4. Die vorbereitete Zwiebel in das Fett geben und glasig dünsten. Die Kartoffel- und die Kürbiswürfel zugeben und kurz mitbraten. Mit der Brühe angießen und ca. 25 Minuten zugedeckt garen.

5. Nach Ende der Garzeit die Suppe mit einem Pürierstab pürieren, mit Salz, Pfeffer, Essig und Zucker würzen und süßsauer abschmecken. Den Schmand einrühren.

6. Die Suppe in den Tellern verteilen und die gebratenen Pilze einlegen.

Kartoffelgulasch mit Austernpilzen

Zutaten:

- 2 Zwiebeln
- 3 Knoblauchzehen
- 1 rote Paprikaschote
- 1 grüne Paprikaschote
- 200 g Austernpilze
- 700 g Kartoffeln
- 3 EL Sonnenblumenöl
- 3 EL süßes Paprikapulver
- 2 EL scharfes Paprikapulver
- 2 EL Tomatenmark
- 1 EL Mehl
- 3 EL Rotwein-Essig
- 1/2 l Gemüsebrühe
- 1 EL Majoran
- 1 EL Kümmel
- Salz
- Pfeffer

Zubereitung:

1. Die Zwiebel und den Knoblauch schälen, die Zwiebeln grob hacken, den Knoblauch halbieren. Die beiden Paprikaschoten waschen, die Kerngehäuse entfernen und das Fruchtfleisch in Würfel schneiden. Die Austernpilze putzen und in grobe Stücke schneiden. Die Kartoffeln schälen und in große Würfel schneiden.

2. Das Öl im Wok erhitzen und die Zwiebel darin bräunen. Die Kartoffeln dazugeben und ebenfalls bräunen. Das Paprikapulver darüber streuen und mit dem Tomatenmark kurz anrösten. Den Esslöffel Mehl unterrühren und mit dem Essig ablöschen. Mit der Gemüsebrühe aufgießen, die Knoblauchstücke dazugeben und mit Majoran, Kümmel, Salz und Pfeffer würzen. Ca. 10 Minuten köcheln lassen.

3. Die Paprikastückchen und die Austernpilze darunter mischen und in weiteren 15 Minuten fertig garen. Gegebenenfalls mit Salz und Pfeffer nochmals abschmecken.

Das Kartoffelgulasch in Tellern anrichten und mit Vollkornbrot servieren.

Teigtaschen mit Schafskäse

Zutaten:

1/2 Bund Frühlingszwiebeln
200 g Schafskäse
1 Zwiebel
3 Knoblauchzehen
5 Tomaten
3 TL Sahne-Meerrettich aus dem Glas
1 EL Crème fraîche
Pfeffer
1 Packung fertiger Nudelteig
1 EL Butter
1 Packung (500 g) Tomatenfruchtfleisch
150 ml Gemüsebrühe
Salz
Pfeffer
1 Prise Zucker

Zubereitung:

1. Die Frühlingszwiebeln abbrausen und fein hacken. Den Schafskäse mit einer Gabel fein zerdrücken oder von Hand zerbröseln und in eine Schüssel geben. Die Zwiebel und die Knoblauchzehen schälen und fein würfeln. Die Tomaten abbrausen und in Würfel schneiden.

2. Die Frühlingszwiebeln, den Sahne-Meerrettich und die Crème fraîche mit dem Schafskäse mischen. Zum Schluss die Masse mit Pfeffer abschmecken.

3. Den Nudelteig auf einem Küchenbrett aufrollen und mit einem Teigrädchen 7 cm breite und 10 cm lange Stücke herausschneiden. Diese Stücke mit Wasser einpinseln und in die Mitte je 1 Esslöffel der Masse geben. Anschließend zusammenklappen und die Ränder mit den Fingern gut andrücken.

4. Die Butter im Wok erhitzen und die Zwiebel darin andünsten. Mit dem Tomatenfruchtfleisch und der Gemüsebrühe aufgießen. Den Knoblauch und die Tomaten unterrühren und mit Salz, Pfeffer und Zucker abschmecken. Die Teigtaschen zu den Tomaten geben und bei mittlerer Hitze 10 Minuten köcheln lassen.

Auf Tellern verteilen und servieren.

Asiatische Spezialitäten – Vorspeisen

Sollten Sie zu wenig Zeit haben, um Ihren Nudelteig selbst herzustellen, können Sie die fertigen Teigplatten, die Sie für die Frühlingsrollen oder die Wan-Tans benötigen, in gut sortierten Supermärkten oder in Asialäden kaufen.

Für die Zubereitung von Frühlingsrollen können Sie auch transparente Reisblätter verwenden.
Die Reisblätter werden auf einem nassen Küchentuch nebeneinander ausgelegt, mit Wasser besprüht und mit einem zweiten Tuch abgedeckt, damit sie langsam weich werden.
Der Nudelteig ist sehr einfach selbst herzustellen, Sie müssen nur einkalkulieren, dass der Teig 1-1 1/2 Stunden ruhen muss.

Grundrezept Nudelteig mit Eiern

250 g Mehl
3 Eier
eine Prise Salz
Mehl zum Ausrollen

1. Das Mehl in eine Schüssel sieben, mit den Eiern und dem Salz gut verrühren und einen glatten Teig herstellen.

2. Der Teig sollte unbedingt ca. 1-1 1/2 Stunden im Kühlschrank ruhen, damit er sich gut weiterverarbeiten lässt.

3. Auf einer bemehlten Arbeitsfläche den Teig dünn ausrollen, auf die gewünschte Größe für Wan-Tans oder Frühlingsrollen zurechtschneiden, befüllen und garen. Für Wan-Tans die Teigquadrate ca. 6 x 6 cm, für Frühlingsrollen Rechtecke ca. 10 x 15 cm groß ausschneiden.

Frühlingsrollen-Füllung mit Tofu

200 g Mungobohnensprossen
4 Austernpilze
100 g Bambussprossen aus dem Glas
4 Frühlingszwiebeln
200 g Tofu
2 EL Sojaöl
1 TL Speisestärke
2 EL Austernsauce
1 EL trockener Sherry
1 TL brauner Zucker
Fünf-Gewürze-Pulver
Salz
Pfeffer

1. Den Nudelteig herstellen und mindestens 1 Stunde im Kühlschrank ruhen lassen, damit er sich gut weiterverarbeiten lässt.

2. Die Mungosprossen in kochendem Wasser 30 Sekunden blanchieren, durch ein Sieb abgießen, mit kaltem Wasser abschrecken und gut abtropfen lassen.

3. Die Austernpilze putzen und in feine Streifen schneiden.

4. Die Bambussprossen durch ein Sieb abgießen, abtropfen lassen und in feine Streifen schneiden.

5. Die Frühlingszwiebeln putzen, waschen und in Ringe schneiden.

6. Den Tofu in kleine Stücke zerteilen.

7. Den Wok erhitzen, das Öl heiß werden lassen und den Tofu darin anbraten. Nach und nach die Zwiebelringe, die Mungo- und Bambussprossen und die Austernpilze zugeben und ca. 2 Minuten mitanbraten.

8. Die Speisestärke mit etwas Wasser verrühren und unterrühren.

9. Die Füllung mit Austernsauce, Sherry, Zucker, Fünf-Gewürze-Pulver, Salz und Pfeffer abschmecken, abkühlen lassen und die Teigblätter damit füllen.

Frühlingsrollen mit vegetarischer Füllung

25 g getrocknete Mu Err-Pilze
4 getrocknete Tongu-Pilze
1 Karotte
4 Lauchzwiebeln
500 g Tofu
1/2 TL Salz
1/2 TL Hoisinsauce
100 g Sojasprossen aus dem Glas

1. Den Nudelteig herstellen und mindestens 1 Stunde im Kühlschrank ruhen lassen, damit er sich gut weiterverarbeiten lässt.

2. Die getrockneten Pilze ca. 30 Minuten in heißem Wasser einweichen.

3. Den Tofu in kleine Würfel schneiden und in eine Schüssel geben.

4. Die Karotte schälen und in dünne Fäden schneiden, die Lauchzwiebeln putzen und in feine Ringe schneiden. Beide Gemüse zu dem Tofu geben.

5. Die Pilze aus dem Einweichwasser nehmen, gut ausdrücken und in sehr feine Streifen schneiden. Ebenfalls zum Tofu geben, alles gut miteinander verrühren, mit Salz und Hoisinsauce abschmecken.

6. Die Sojasprossen durch ein Sieb abschütten, mit kaltem Wasser abspülen, gut abtropfen lassen und zum Schluss unter die Füllung mischen.

7. Den Teig auf einer bemehlten Arbeitsfläche dünn ausrollen, in ca. 10 x 15 cm große Platten schneiden und die Füllung so darauf verteilen, dass der Rand ringsum frei bleibt. Von den Längsseiten her die Enden knapp einschlagen und die Frühlingsrollen mit den Seitenteilen verschließen. Wenn nötig, die Ränder mit etwas verrührtem Eiweiß bestreichen, damit die Frühlingsrollen beim Garen nicht aufgehen. Die Frühlingsrollen können entweder im Wok frittiert oder mit ausreichend Pflanzenfett oder Öl in einer Pfanne gebraten werden.

Süßsaurer Dip für Frühlingsrollen

1 TL frischer, gehackter Ingwer
1 Knoblauchzehe
4 EL pürierte Tomaten (aus der Packung)
1/8 l Rotweinessig
1 TL Salz, Pfeffer
100 g brauner Zucker
2 EL Sherry
3 EL kalte Hühnerbrühe
1 EL Sesamöl
1 EL Chilibohnenpaste

Alle Zutaten im Wok langsam erhitzen, ca. 3 Minuten unter ständigem Rühren weiterkochen lassen, von der Herdplatte nehmen und erkalten lassen.
Dieser Dip ist, wenn Sie ihn in ein Schraubglas füllen und im Kühlschrank aufbewahren, ca. 2-3 Wochen haltbar.

Ingwersauce süßsauer

2 Schalotten
1 Knoblauchzehe
1 EL frischer, gehackter Ingwer
2 EL feines Olivenöl
2 EL helle Sojasauce
2 EL trockener Sherry
1 EL Essig, 2 EL brauner Zucker
125 ml Wasser
1 EL Speisestärke

1. Die Schalotten, Knoblauch und Ingwer schälen und fein würfeln.

2. Sojasauce, Sherry, Essig, Wasser und Zucker in einem Gefäß verrühren und beiseite stellen.

3. Die Speisestärke mit 2 EL Wasser glatt rühren und ebenfalls beiseite stellen.

4. Den Wok erhitzen, das Öl darin heiß werden lassen.

5. Schalotten, Knoblauch und Ingwer darin ca. 2 Minuten pfannenrühren.

6. Mit den verrührten Zutaten angießen, alles gut vermischen und kurz aufkochen.

7. Die Sauce mit Speisestärke binden und so lange rühren, bis sie eindickt.

Ei-Senf-Sauce

3 Eigelbe, 3 EL Öl
2 EL Speisestärke
1/2 TL Kräutersenf
Salz
Pfeffer
einige Spritzer Worcestersauce

1. Die Eier trennen und die Eigelbe mit 1 EL Wasser mit einem Schneebesen aufschlagen, das Eiweiß anderweitig verwenden.

2. Das Öl mit der Speisestärke in einen Topf geben und unter Rühren erhitzen.

3. Den Senf untermischen, mit Salz, Pfeffer und Worcestersauce würzen.

4. Die Hitze reduzieren, damit die Sauce nicht gerinnt, wenn Sie die Eimischung unter ständigem Rühren langsam einlaufen lassen.

Crème-fraîche-Sauce mit Mandeln

10 g geschälte Mandeln
200 ml Crème fraîche
2 EL Milch
1 Spritzer Tabasco
Salz
Pfeffer
1/2 Bund Schnittlauch

1. Die Mandeln klein hacken und in einer Pfanne ohne Fett anrösten, bis sie duften.

2. In einer Schüssel Crème fraîche, Milch, Tabasco und die Mandeln verrühren, mit Salz und Pfeffer abschmecken.

3. Den Schnittlauch waschen, trocknen, in kleine Röllchen schneiden und in den Dip rühren.

Tomaten-Dip mit Tofu

125 g Tofu
125 ml Tomatensaft
2 EL helle Sojasauce
3 Spritzer Tabasco
Pfeffer
1 TL gehacktes Basilikum
1 TL Zitronensaft
4 EL Erdnussöl
etwas brauner Zucker

Die Zutaten nacheinander in eine Schüssel geben und mit dem Pürierstab verrühren.

Pflaumen-Dip süßscharf

200 g Pflaumenmus
1 TL frischer Ingwer
1 TL Sojasauce
1 TL Hoisinsauce
1 TL Essig
1/4 TL Chilipulver

1. Den Ingwer schälen und klein hacken.
2. In einer Schüssel alle Zutaten gut miteinander verrühren.

Tofukugeln auf Feldsalat

Zutaten:

250 g Tofu
1 TL Sojasauce
1 Ei
50 g Honig
100 g Sesamsamen
4 EL Sesamöl
100 g Feldsalat

Für das Dressing:
2 EL Essig
3 EL Sesamöl
1 EL Sherry
1 TL brauner Zucker
Salz
Pfeffer

Zubereitung:

1. Den Tofu in kleine, mundgerechte Stückchen schneiden.

2. In einem Schälchen das Ei mit der Sojasauce verquirlen.

3. Den Honig erwärmen, bis er flüssig ist.

4. Die Sesamsamen auf einen Teller schütten.

5. Die Tofuwürfel werden nun vorsichtig im verquirlten Ei, dann im Honig und zum Schluss im Sesamsamen gewendet und paniert.

6. Den Wok erhitzen und das Öl darin heiß werden lassen. Die panierten Tofustückchen in den Wok geben und von allen Seiten goldbraun anbraten. Anschließend herausnehmen und auf Küchenpapier abtropfen und erkalten lassen.

7. In der Zwischenzeit den Feldsalat putzen, waschen und gut abtropfen lassen. Auf Tellern anrichten.

8. Die Zutaten für das Dressing in einem Gefäß verrühren, über den Salat träufeln und die Tofuwürfel draufsetzen.

Eier auf Paprikasauce

Zutaten:

3 Zwiebeln
3-4 Knoblauchzehen
1 Chilischote
6 EL Olivenöl
2 Gläser gehäuteter, eingelegter Paprika
1 Lorbeerblatt
1 Nelke
8 Pfefferkörner
1 TL Estragon
50 ml Gemüsebrühe
Salz
Pfeffer
8 hart gekochte Eier
1/2 Bund Petersilie

Zubereitung:

1. Die Zwiebeln und den Knoblauch schälen und klein hacken. Die Chilischote der Länge nach halbieren, die Kerne entfernen und das Fruchtfleisch in kleine Stücke schneiden. Die Petersilie abbrausen, trockenschütteln und fein hacken.

2. Den Wok erhitzen, das Öl heiß werden lassen und die vorbereiteten Zutaten wie Zwiebeln, Knoblauch, Chili, eingelegten Paprika, Lorbeerblatt, Nelke, Pfefferkörner, Estragon und die Brühe nach und nach einrühren, mit Salz und Pfeffer würzen, die Temperatur reduzieren und ca. 15 Minuten dünsten lassen.

3. In der Zwischenzeit die Eier hart kochen, mit kaltem Wasser abschrecken, etwas abkühlen lassen, schälen und vierteln oder in Scheiben schneiden.

4. Aus der Sauce Lorbeerblatt, Nelke und Pfefferkörner entfernen und das Gemüse mit dem Pürierstab zu einer feinen Sauce pürieren. Die gehackte Petersilie einrühren.

5. Die Sauce auf Tellern verteilen, die Eier darauf setzen und mit geröstetem Brot oder Stangenweißbrot als Vorspeise oder an heißen Tagen als leichtes Hauptgericht servieren.

Geschmorte Zwiebeln

Zutaten:

- 750 g kleine Zwiebeln
- 2 Rosmarinzweige
- 3 Knoblauchzehen
- 5 EL Olivenöl
- 1/8 l herber Rotwein
- 1/8 l Rotweinessig
- 2 EL Honig
- Salz

Zubereitung:

1. Die Zwiebeln schälen. Den Rosmarin waschen, etwas trockenschütteln und die Nadeln klein hacken. Den Knoblauch schälen und klein hacken.

2. Den Wok erhitzen, das Öl zugeben und die geschälten, ganzen Zwiebeln nebeneinander in den Wok setzen. Bei mittlerer Hitze und gelegentlichem Wenden die Zwiebeln goldbraun braten.

3. Mit Wein und Essig ablöschen, den gehackten Rosmarin und Knoblauch zugeben und die Zwiebeln ca. 40 Minuten zugedeckt schmoren lassen.

4. Ca. 10 Minuten vor Ende der Garzeit die Zwiebeln mit Honig und Salz würzen.

5. Auf Tellern anrichten und mit Weißbrot servieren.

Dieses Gericht schmeckt sowohl kalt als Vorspeise als auch warm als Beilage.

Panierte Pilze

Zutaten:

700 g große Pilze (z. B. Austernpilze, Champignons, Schirmpilze oder Parasol usw.)
2 EL Mehl
Salz
Pfeffer
2 Eier
5 EL Semmelbrösel
reichlich Olivenöl zum Braten
1-2 Zitronen (Saft)

Zubereitung:

1. Die Pilze putzen und ganz große Pilze in dickere Scheiben schneiden. In Mehl wenden, nebeneinander auf die Arbeitsfläche legen und mit Salz und Pfeffer bestreuen.

2. Die Eier in einem tiefen Teller verquirlen und die Semmelbrösel in einen tiefen Teller füllen. Die bemehlten Pilzscheiben zuerst in Ei, dann in den Semmelbröseln wenden.

3. Den Wok erhitzen und reichlich Öl zugeben. Die panierten Pilzscheiben portionsweise in das Öl legen und von beiden Seiten goldbraun braten. Die fertigen Pilze auf das Abtropfgitter des Wok legen.

4. Sind alle Pilze knusprig gebraten, zusammen mit dem Zitronensaft (den sich jeder nach seinem Geschmack auf die Pilze träufeln kann) sofort servieren.

Zu den panierten Pilzen schmecken hervorragend Petersilien-Kartoffeln und ein frischer Salat.

MIS EN BOUTEILLE AU CHÂTEAU
PAR ARMELLE ET JEAN-MARIE HURÉ
PROPRIÉTAIRES - 24240 MONESTIER
12% vol.
L 1030101
PRODUCE OF FRANCE
750 ml

Zucchini in Marinade

Zutaten:

750 g kleine Zucchini
Salz
Pfeffer
3-4 Knoblauchzehen
4 Stängel Minze
5 EL Olivenöl
1/8 l Balsamico-Essig

Zubereitung:

1. Die Zucchini waschen, abtrocknen, die Stielenden abschneiden und die Früchte in dickere Streifen schneiden, salzen und pfeffern.

2. Den Knoblauch schälen und fein hacken. Die Minze abbrausen, trockenschütteln, die Blätter abzupfen und hacken.

3. Den Wok erhitzen, das Öl zugeben und die Zucchinistreifen portionsweise braten, dabei die fertig gebratenen Streifen an den Rand des Wok schieben. Den Knoblauch zugeben und das Gemüse mit Essig ablöschen. Die Temperatur reduzieren und die Flüssigkeit etwas einkochen lassen.

4. Anschließend die gehackte Minze in die Sauce einrühren, alles mit den Zucchinistreifen vermischen und das Gemüse erkalten lassen.

Zusammen mit Weißbrot eine wohlschmeckende Vorspeise.

Fenchel und Tomaten in Marinade

Zutaten:

4 Fenchelknollen
4 Tomaten
6 Knoblauchzehen
1 Töpfchen Basilikum
2 EL Olivenöl
3 EL Weißweinessig
2 EL Gemüsebrühe
1/8 l Weißwein

Zubereitung:

1. Die Fenchelknollen putzen und je nach Größe vierteln oder achteln. Die Tomaten an der Blüte über Kreuz einschneiden, mit kochendem Wasser übergießen, kurz im Wasser liegen lassen, häuten und vierteln. Den Knoblauch schälen und klein hacken. Das Basilikum abbrausen, die Blätter von den Stielen zupfen und in Streifen schneiden.

2. Den Wok erhitzen und das Öl zugeben. Den Fenchel mit dem Knoblauch anbraten, bis er fast weich ist. Die Tomaten in den Wok geben, ca. 2-3 Minuten andünsten und mit Wein und Brühe ablöschen. Die Temperatur reduzieren und die Flüssigkeit einkochen lassen. Zum Schluss den Essig einrühren und das Gemüse abkühlen lassen.

3. Kurz vor dem Servieren das geschnittene Basilikum unterheben und das marinierte Gemüse mit Weißbrot servieren.

Gedünstete Auberginen auf Salatbett

Zutaten:

750 g kleine Auberginen	
Saft von 1/2 Zitrone	
1 Bund Petersilie	
2 Knoblauchzehen	
3 EL Balsamico-Essig	
1 TL Salz	
125 ml Wasser	
3 EL Olivenöl	
Pfeffer	
1 Prise brauner Zucker	
1 Kopfsalat	

Zubereitung:

1. Die Auberginen waschen, etwas trocknen und zuerst in dickere Scheiben, dann in dickere Streifen schneiden. Die Zitrone auspressen und die Auberginenstreifen damit beträufeln.

2. Die Petersilie waschen, trockenschütteln, die Blätter von den Stielen abzupfen, die Blätter klein hacken und beiseite stellen.

3. Den Knoblauch schälen, mit einem breiten Messer zerdrücken und fein hacken. Knoblauch, Essig und Salz vermischen und beiseite stellen.

4. Im Wok das Wasser mit dem Öl erhitzen und die Auberginenstreifen zugeben. Das Gemüse unter häufigem Wenden ca. 10 Minuten weich dünsten, bis das Wasser verdunstet ist. Den Wok von der Herdplatte nehmen, die Essig-Knoblauchmischung unter das Gemüse mischen, die Petersilie unterrühren und mit Pfeffer und Zucker abschmecken. Das Auberginengemüse abkühlen lassen.

5. In der Zwischenzeit den Salat waschen, trocknen, in mundgerechte Stücke zerpflücken und auf Tellern anrichten. Die abgekühlten Auberginen auf den Salatblättern verteilen und mit frisch aufgebackenem Ciabatta als Vorspeise oder an heißen Tagen als leichtes, erfrischendes Hauptgericht servieren.

Auberginengemüse mit Austernpilzen

Zutaten:

750 g Auberginen
Salz
Saft von 2 Zitronen
1 Zwiebel
3-4 Knoblauchzehen
350 g Austernpilze
1 Bund Petersilie
3 EL Olivenöl
3 EL Tomatenmark
3/8 l Gemüsebrühe
Salz
Pfeffer
1 Prise brauner Zucker

Zubereitung:

1. Die Auberginen waschen, abtrocknen, die Stielansätze abschneiden und die Früchte in ca. 1 cm dicke Scheiben schneiden. Die Scheiben auf einen Teller legen, jede Schicht mit etwas Salz bestreuen, mit einem zweiten Teller abdecken, diesen beschweren und die Auberginen so ca. 30 Minuten weichen lassen. Anschließend die ausgetretene, bittere Flüssigkeit wegschütten und die Auberginenscheiben mit dem Zitronensaft beträufeln.

2. Die Zwiebel und den Knoblauch schälen und fein hacken. Die Austernpilze putzen und in breite Streifen schneiden. Die Petersilie waschen, etwas trockenschütteln, die Blätter abzupfen und klein hacken.

3. Den Wok erhitzen und das Öl zugeben. Die Auberginenscheiben mit Küchenkrepp abtrocknen und im heißen Öl braten, bis sie Farbe annehmen. Aus dem Wok nehmen und auf das Abtropfgitter des Wok oder auf einen Teller legen.

4. Die Zwiebel und den Knoblauch im heißen Wok kurz andünsten, die Austernpilze zugeben und ca. 5 Minuten mitdünsten. Die Auberginen wieder zurück in den Wok geben, mit Tomatenmark und Gemüsebrühe angießen und mit Salz, Pfeffer und braunem Zucker würzen. Durchrühren und ca. 5 Minuten zugedeckt schmoren lassen.

5. Kurz vor dem Servieren die gehackte Petersilie einrühren.

Dieses Gemüse schmeckt mit Weißbrot oder Reis und einem Glas Wein.

Nudeln mit Spinat und Nüssen

Zutaten:

- 250 g Bandnudeln
- Salz
- 3 EL Walnüsse
- 300 g Austernpilze
- 4 Frühlingszwiebeln
- 2 EL Worcestersauce
- 2 EL Sherry
- 1/2 TL Speisestärke
- 2 EL Olivenöl
- 2 Knoblauchzehen
- 1 rote Chilischote
- 200 g Sojasprossen
- 300 g Blattspinat (tiefgefroren)

Zubereitung:

1. Die Nudeln in Salzwasser al-dente kochen, durch ein Sieb schütten, abschrecken und gut abtropfen lassen.

2. Die Walnüsse grob hacken und im Wok ohne Fett hellbraun rösten, auf einen Teller geben und beiseite stellen.

3. Die Pilze waschen und größere Pilze klein schneiden. Die Frühlingszwiebeln waschen und in Ringe schneiden. Den Knoblauch schälen und fein hacken. Die Chili waschen, der Länge nach aufschneiden, die Kerne entfernen und das Fruchtfleisch in Ringe schneiden.

4. Die Worcestersauce und den Sherry in ein Gefäß geben und die Speisestärke darin glatt rühren.

5. In einem Wok das Öl erhitzen, den Knoblauch und die Chiliringe kurz anbraten. Die Pilze und die Sprossen zugeben und unter Rühren anbraten. Den Spinat und die Frühlingszwiebeln einrühren und weiterbraten. Zum Abbinden der Sauce die angerührte Speisestärke einlaufen lassen und kurz aufkochen. Zum Schluss die Nudeln dazugeben, gut umrühren und so lange braten, bis die Nudeln heiß sind.

6. Auf Tellern anrichten, mit den Walnüssen bestreuen und servieren.

Pilzpfanne mit Gemüse

Zutaten:

6 Mu Err-Pilze
2 EL Sojasauce
4 EL trockener Sherry
1 EL Speisestärke
1 kleine, rote Chilischote
2 Knoblauchzehen
1/2 TL frischer, gehackter Ingwer
1 gelbe Paprikaschote
4 Frühlingszwiebeln
250 g Brokkoli
200 g kleine frische Champignons
Zitronensaft
100 g Sojabohnenkeimlinge
2 EL Olivenöl
Petersilie zum Bestreuen

Zubereitung:

1. Die getrockneten Pilze ca. 30 Minuten in heißem Wasser einweichen.

2. Die Chili der Länge nach aufschneiden und die Kerne entfernen, das Fruchtfleisch in Ringe schneiden.

3. Die Knoblauchzehen und den Ingwer schälen, den Knoblauch klein schneiden und den Ingwer klein hacken.

4. Die Paprikaschote waschen, vierteln, die Kerne entfernen und das Fruchtfleisch in dünne Streifen schneiden.

5. Die Frühlingszwiebeln putzen, waschen und in ca. 3 cm lange Stückchen schneiden.

6. Den Brokkoli waschen und anschließend in kleine Röschen zerteilen.

7. Die Champignons putzen, vierteln und mit Zitronensaft beträufeln, damit sie nicht braun werden.

8. Die Sojasauce und den Sherry mit der Speisestärke glatt rühren.

9. Die Mu Err-Pilze nach der Einweichzeit aus dem Wasser nehmen und in Streifen schneiden.

10. Den Wok ohne Öl stark erhitzen, dann erst das Öl zugeben. Den Knoblauch, die Chiliringe und den Ingwer darin unter Rühren anbraten.

11. Nun das Gemüse, je nach Garzeit, in den Wok geben. Zuerst die Paprikaschote und den Brokkoli ca. 4 Minuten unter Rühren braten.

12. Dann die Champignons und die Mu Err-Pilze in den Wok geben und weitere 3 Minuten pfannenrühren.

13. Die Frühlingszwiebeln und die Sojakeimlinge zugeben und eine Minute mitgaren.

14. Die angerührte Sojasauce über das Gemüse gießen, gut vermischen und weiterrühren, bis die Sauce bindet.

15. Auf Tellern anrichten, mit Petersilie bestreuen und servieren.

Villeroy & Boch
Italy

Bambussprossen mit Pilzen

Zutaten:

12 getrocknete Mu Err-Pilze
1 Dose Bambussprossen
2 EL Olivenöl
1 kleine, rote Zwiebel
1 Knoblauchzehe
1/2 EL gehackter, frischer Ingwer

Für die Sauce:
2 EL dunkle Sojasauce
2 TL Speisestärke
75 ml Wasser
Salz
Pfeffer
Chilipulver
1/2 TL brauner Zucker
1 Schuss trockener Rotwein
1/2 Bund Petersilie

Zubereitung:

1. Die Mu Err-Pilze ca. 30 Minuten in heißem Wasser einweichen.

2. Die Zwiebel, die Knoblauchzehe und den Ingwer schälen und die Zwiebel und den Knoblauch klein schneiden, den Ingwer klein hacken.

3. Die Petersilie waschen, trockenschütteln und ebenfalls klein hacken.

4. Die Sojasauce mit Wasser, Speisestärke, Salz, Pfeffer, Chili und braunem Zucker verquirlen.

5. Die Bambussprossen in ein Sieb schütten, mit kaltem Wasser abspülen und abtropfen lassen.

6. Die Pilze aus dem Einweichwasser nehmen und in Streifen schneiden.

7. Sind die Vorbereitungen erledigt, den Wok ohne Öl stark erhitzen, das Öl zugeben und die Zwiebel, den Knoblauch und den Ingwer kurz anbraten.

8. Die abgetropften Bambussprossen und die Pilze zugeben und ca. 1-2 Minuten unter Rühren andünsten.

9. Die Sauce über das Gemüse geben und ca. 5 Minuten bei geschlossenem Topf schmoren lassen, gelegentlich umrühren.

10. Kurz vor dem Servieren den Rotwein zugießen, die Petersilie einstreuen und alles ca. 1 Minute durchziehen lassen.

Pilze im Teig mit Quark-Kräutersauce

Zutaten:

Für die Sauce:

1 hart gekochtes Ei
5 EL klein gehackte Kräuter (Petersilie, Schnittlauch, Kerbel, Estragon usw., je nach Geschmack)
250 g Magerquark
125 g Sauerrahm
Salz
Pfeffer
Paprika
Saft einer 1/2 Zitrone

Für den Teig:

120 g Mehl
2 Eier
1/8 l Weißwein
Salz
Pfeffer
600 g frische Pilze (z. B. Parasol, Steinpilze, Maronen oder Champignons)
reichlich Fett zum Ausbacken

Zubereitung:

1. Das gekochte Ei schälen und klein hacken. Die Kräuter waschen, etwas trockenschütteln und klein hacken.

2. Den Quark und den Sauerrahm in einer Schüssel verrühren und die vorbereiteten Zutaten wie Ei und Kräuter in die Sauce geben, mit Salz, Pfeffer, Paprika und Zitronensaft kräftig würzen und abschmecken.

3. In einer weiteren Schüssel Mehl und Eier vermischen und so viel Wein zugeben, dass ein dickflüssiger Teig entsteht. Mit Salz und Pfeffer abschmecken. Den Teig abdecken und ca. 20 Minuten ruhen lassen.

4. In der Zwischenzeit die Pilze putzen.

5. Den Wok erhitzen und das Fett darin schmelzen lassen. Den Teig nochmals mit dem Schneebesen kräftig durchrühren. Die Pilze in den Ausbackteig tauchen und im heißen Fett goldbraun backen.

6. Die fertigen Pilze auf das Abtropfgitter des Wok legen, etwas abtropfen lassen, auf einer Platte anrichten, warm stellen, bis der letzte Pilz gebacken ist und zusammen mit der Sauce servieren.

Kartoffeln mit Tomaten

Zutaten:

1 kg fest kochende Kartoffeln
2 Zwiebeln
3 Knoblauchzehen
2 Rosmarinzweige
3 EL Olivenöl
1/2 Bund Petersilie
3 EL Butter
1 kleine Dose geschälte Tomaten
1/4 l Weißwein
1/4 l Gemüsebrühe
etwas Majoran
Salz
Pfeffer

Zubereitung:

1. Die Kartoffeln schälen und in Salzwasser ca. 8-10 Minuten kochen lassen, die Kartoffeln dürfen nicht gar sein. Anschließend die Kartoffeln etwas abkühlen lassen und in dicke Scheiben schneiden.

2. Die Zwiebeln und den Knoblauch schälen. Die Zwiebeln halbieren und in feine Scheiben schneiden. Den Knoblauch fein hacken. Den Rosmarin waschen, trockenschütteln und die Nadeln klein schneiden. Die Petersilie waschen, trockenschütteln und fein hacken.

3. Den Wok erhitzen und das Öl und die Butter zugeben. Zwiebeln, Kartoffelscheiben, Knoblauch und Rosmarin in den Wok geben und alles so lange schmoren, bis die Zutaten goldbraun geworden sind. Auf einen großen Teller geben und warm stellen.

4. Die geschälten Tomaten, Wein, Brühe und Majoran in den Wok geben und unter häufigem Wenden schmoren lassen, bis die Flüssigkeit etwa zur Hälfte eingekocht ist. Mit Salz und Pfeffer würzen und die Petersilie einrühren.

5. Die beiseite gestellten Kartoffeln in die Sauce geben und alles vermischen. Nochmals erwärmen, auf Tellern anrichten und servieren.

Probieren Sie dieses Gericht doch mal zu Spiegeleiern oder zu Grünen Bohnen.

Scharfer Reis mit exotischen Früchten

Zutaten:

1 Zwiebel
1 Knoblauchzehe
1 kleine, rote Chilischote
1/2 Bund Petersilie
3-4 EL Olivenöl
300 g Reis
1 1/8 l Gemüsebrühe
Salz
Pfeffer
1 Mango
1 Papaya
1 Packung Physalis

Zubereitung:

1. Die Zwiebel und den Knoblauch schälen und fein hacken. Die Chili der Länge nach halbieren, Kerne und Scheidewände entnehmen und die Chili sehr klein schneiden. Die Petersilie abbrausen, trockenschütteln, die Blättchen abzupfen und klein schneiden.

2. Den Wok erhitzen und das Öl darin heiß werden lassen. Die Zwiebel und den Knoblauch kurz andünsten und den rohen Reis zugeben. Durchrühren, bis der Reis glasig wird, anschließend mit der Brühe angießen. Die Temperatur reduzieren. Den Chili zugeben, mit Salz und Pfeffer würzen und bei geschlossenem Deckel den Reis ca. 25-30 Minuten ziehen lassen. Ab und zu umrühren.

3. In der Zwischenzeit die Mango und die Papaya schälen und in Würfel schneiden. Einen Teil der Physalis aus den Blättern herauslösen, halbieren und unter den Reis mischen.

4. Einige Minuten vor dem Servieren die Früchte und die Petersilie unter den gegarten Reis heben und etwas erwärmen.

5. Alles auf Tellern anrichten, die restlichen Physalis dazugeben und servieren. Sie können den Reis auch mit anderen Früchten Ihrer Wahl zubereiten.

Reis auf mexikanische Art

Zutaten:

3 Strauchtomaten
1 rote Paprikaschote
1 gelbe Paprikaschote
1 Zwiebel
2 Knoblauchzehen
3 Karotten
2 Chilis
1 Bund Petersilie
100 g Mais a. d. Dose
2 EL Olivenöl
300 g Reis
1 l Gemüsebrühe

Zubereitung:

1. Die Tomaten waschen und in kleine Stücke schneiden. Die Paprikaschoten waschen, trocknen, die Kerne entfernen und das Fruchtfleisch in Streifen schneiden. Die Zwiebel und den Knoblauch schälen und fein hacken. Die Karotten schälen und raspeln, die Chilis der Länge nach halbieren, Kerne und Scheidewände entfernen und die Chilis in kleine Ringe schneiden. Die Petersilie waschen, etwas trockenschütteln, die Blätter abzupfen und klein hacken. Den Mais durch ein Sieb abschütten, mit Wasser abspülen und abtropfen lassen.

2. Den Wok erhitzen und das Öl darin heiß werden lassen. Den Reis zugeben und glasig werden lassen. Zwiebeln, Knoblauch und Chilis zugeben und kurz andünsten.

3. Die klein geschnittenen Paprikaschoten, Karotten, Mais und Chilis zugeben, durchrühren und mit der Brühe angießen. Zugedeckt unter gelegentlichem Umrühren ca. 25-30 Minuten quellen lassen.

4. Kurz vor dem Servieren die Petersilie unterrühren.

Frittiertes Gemüse im Teig

Zutaten:

6 kleine Karotten
200 g Brokkoli
200 g Champignons
1 Paprikaschote
2 l Salzwasser
1 Schalotte
1 Lorbeerblatt
2 Nelken
4 Pfefferkörner
4 Wacholderbeeren
100 g Maismehl
1 Prise Salz
1 Prise Muskat
1/4 l Milch
2 Eigelbe
2 Eiweiß
1 Bund Petersilie
Öl zum Frittieren

Zubereitung:

1. Die Karotten schälen, den Brokkoli waschen und in kleine Röschen zerteilen, die Champignons putzen.

2. Die Paprikaschote waschen, in Ringe schneiden und die Kerne entfernen.

3. Die Schalotte schälen und vierteln.

4. Das Salzwasser erhitzen, das vorbereitete Gemüse (außer den Paprikaringen, sie müssen nicht vorgegart werden), die Zwiebel und die Gewürze wie Lorbeerblatt, Nelken, Pfefferkörner und Wacholderbeeren hineingeben und ca. 5-10 Minuten bei geringer Hitze weiterkochen lassen. Das Gemüse nach dem Vorkochen mit einem Schaumlöffel aus dem Salzwasser nehmen und auf Küchenkrepp gut abtropfen lassen.

5. Inzwischen das Mehl in eine Schüssel geben, mit Salz und Muskat würzen.

6. Die Milch und die Eigelbe zugeben und zu einem glatten Teig verrühren.

7. Das Eiweiß sehr steif schlagen und unter den Teig heben.

8. Den Wok erhitzen und das Frittierfett darin sehr heiß werden lassen. Ein Holzstäbchen in das Öl tauchen, wenn Bläschen an ihm hochsteigen, ist die richtige Temperatur erreicht.

9. Das Gemüse einzeln durch den Teig ziehen und im Wok goldgelb ausbacken.

10. Die Petersilie waschen, trockenschütteln und im heißen Fett kurz frittieren. (Achtung: Es spritzt, wenn Petersilie in Fett getaucht wird!) Die frittierte Petersilie zum Garnieren verwenden.

Apfel-Chutney

Zutaten:

700 g	Äpfel
2	rote Zwiebeln
2	Pfefferoni
3 cm	frischer Ingwer
	Salz
	Pfeffer
200 ml	Rotweinessig
150 g	brauner Zucker
1 TL	Senfkörner
125 g	Rosinen

Zubereitung:

1. Die Äpfel waschen, schälen, das Kerngehäuse entfernen und das Fruchtfleisch in kleine Stücke schneiden. Die Zwiebeln schälen und klein schneiden. Die Pfefferoni der Länge nach halbieren, die Kerne entfernen und die Schoten in kleine Streifen schneiden. Den Ingwer schälen und klein schneiden.

2. Die vorbereiteten Apfelstückchen, Zwiebeln, Pfefferoni und den Essig in einen Wok geben, mit den Gewürzen wie Ingwer, Zucker, Salz, Senfkörnern und Rosinen gut vermischen und 20 Minuten ziehen lassen.

3. Den Wok zugedeckt auf die Platte des Ofens stellen und bei mittlerer Hitze 30 Minuten kochen lassen. Sollte das Fruchtmus nach dieser Zeit noch zu flüssig sein, den Deckel abnehmen und die Flüssigkeit einkochen lassen. Mit Salz, Zucker und Pfeffer abschmecken.

Dieses Apfel-Chutney passt zu frittiertem Gemüse.

Kürbisgemüse

Zutaten:

1 Kürbis (ca. 1 kg)
2 Stauden Senfkohl (Pak Choi)
4 Knoblauchzehen, 3 EL Olivenöl
1 EL brauner Zucker
150 ml Gemüsebrühe
3 EL süße Sojasauce
Salz, schwarzer Pfeffer
1/2 Bund Salbei

Zubereitung:

1. Den Kürbis vierteln, die Kerne sowie die inneren Fasern mit einem Esslöffel herausschaben, die Kürbisviertel mit einem Küchenmesser abschälen und das Fruchtfleisch in 2 cm große Stücke schneiden. Den Senfkohl waschen, die weißen Teile in feine Streifen, das Grüne in grobe Streifen schneiden und trennen. Die Knoblauchzehen schälen und fein hacken. Den Salbei abbrausen, trockenschütteln, die Blätter von den Stielen zupfen und grob hacken.

2. Das Öl im Wok erhitzen. Die Kürbisstücke darin 2 bis 3 Minuten braten. Den Knoblauch dazugeben und kurz mitbraten. Den braunen Zucker über das Gemüse streuen und so lange rühren, bis der Zucker geschmolzen ist. Mit der Gemüsebrühe und der Sojasauce ablöschen. Den Salbei unter das Gemüse rühren. Die Hitze reduzieren und das Gemüse 10-12 Minuten köcheln lassen, bis die Sauce um die Hälfte eingekocht ist.

3. Dann den Senfkohl dazugeben, zuerst die weißen Teile, dann die grünen Teile kurz pfannenrühren und mit Salz und Pfeffer abschmecken.

Dazu passen Basmati- oder thailändischer Duftreis.

Bratlinge mit Senfkohl

Zutaten:

300 g Soja-Bratlinge (Fertigmischung)
2 Stauden Senfkohl (Pak Choi)
1 Zwiebel
3 Knoblauchzehen
1 rote Paprikaschote
Salz
Pfeffer
Muskat
50 ml Gemüsebrühe
4 EL Öl

Zubereitung:

1. Die Bratlinge nach Packungsanleitung zubereiten.

2. Den Senfkohl waschen, die weißen Teile in feine Streifen, das Grüne in grobe Streifen schneiden und trennen. Die Zwiebel und die Knoblauchzehen schälen und fein hacken. Die Paprikaschote waschen, vierteln, entkernen und in mundgerechte Würfel schneiden.

3. Öl im Wok erhitzen. Die Bratlinge darin auf beiden Seiten knusprig anbraten und danach auf das Abtropfgitter legen. Die Zwiebel und die weißen Teile des Senfkohls darin andünsten. Mit der Gemüsebrühe aufgießen und Knoblauch, Paprikawürfel und die grünen Teile des Senfkohls unterrühren. Mit Salz, Pfeffer und Muskat abschmecken.

4. Die Bratlinge mit dem Senfkohl auf Tellern anrichten und servieren.

Zucchinipuffer mit Zitronensauce

Zutaten:

Für die Zucchinipuffer:

- 1 unbehandelte Zitrone (Schale und Saft)
- 500 g Zucchini
- 1 Zwiebel
- 3 EL frische Minze
- 2 EL frischer Dill
- 75 g Weizenmehl
- 4 Eier
- Salz
- Pfeffer
- Olivenöl zum Braten

Für die Sauce:

- 1 Zitrone (Saft)
- 2-3 EL frische Zitronenmelisse
- 500 ml Jogurt
- 2 EL Honig
- 1 Prise gemahlener Kreuzkümmel
- 1 Msp. Paprika
- Salz
- Pfeffer

Zubereitung:

1. Die Zitrone mit heißem Wasser waschen, die Schale abreiben und den Saft auspressen. Die Zwiebel schälen und fein hacken. Die Zucchini waschen und mit einer mittelfeinen Reibe raspeln, etwas stehen lassen und dann die ausgetretene Flüssigkeit abschütten. Die Kräuter abbrausen, trockenschütteln und grob hacken.

2. In einer Schüssel die Zucchiniraspel mit der Zwiebel und der Zitronenschale vermengen und mit Zitronensaft beträufeln. Mehl, Eier und die Kräuter zugeben und mit den Händen zu einem Teig verarbeiten. Mit Salz und Pfeffer kräftig würzen. Den Teig zugedeckt beiseite stellen und etwas durchziehen lassen.

3. Für die Sauce die Zitrone auspressen. Die Zitronenmelisse abbrausen, trockenschütteln und fein hacken. Den Jogurt in eine Schüssel füllen, mit Zitronensaft, Zitronenmelisse, Honig, Kümmel, Paprika, Salz und Pfeffer würzen, verrühren und abschmecken. Bis zum Verzehr im Kühlschrank aufbewahren.

4. Den Wok erhitzen, das Öl zugießen und heiß werden lassen. Mit einem Esslöffel den Zucchiniteig abstechen und in das heiße Fett geben. Mit dem Löffelrücken die Puffer flach drücken und formen. Ca. 2 Minuten pro Seite goldgelb braten.

5. Die fertigen Zucchinipuffer aus dem Wok nehmen und warm halten. Die Puffer auf einer Platte anrichten und die Sauce dazu servieren.

Soja-Geschnetzeltes mit Schwarzwurzeln

Zutaten:

150 g Soja-Geschnetzeltes (Fertigmischung)
1/2 Bund Petersilie
2 EL Butter
500 g tiefgefrorene Schwarzwurzeln
200 g süße Sahne
Salz
Pfeffer

Zubereitung:

1. Das Soja-Geschnetzelte nach Packungsanleitung in Gemüsebrühe quellen lassen. Nach dem Quellen etwas ausdrücken.

2. Die Petersilie abbrausen, trockenschütteln und fein hacken.

3. Butter im Wok erhitzen. Das Soja-Geschnetzelte darin anbraten, herausnehmen und warm stellen. Die aufgetauten Schwarzwurzeln in der restlichen Butter andünsten. Mit der Sahne aufgießen und mit Salz und Pfeffer würzen. Zum Schluss die Petersilie unterrühren.

4. Das Soja-Geschnetzelte mit dem Gemüse auf Tellern anrichten.

WA

Tofu in Rotwein-Sahnesauce

Zutaten:

350 g Tofu
4 EL Sojasauce
1 große Zwiebel
500 g Champignons
2 Knoblauchzehen
2 cm frischer Ingwer
5-6 EL Butter
3 EL Tomatenmark
125 ml trockener Rotwein
200 ml Buttermilch
2 EL frisches, gehacktes Basilikum
2 EL frische, gehackte Petersilie
Salz
Pfeffer
350 g Bandnudeln

Zubereitung:

1. Den Tofu in große Würfel schneiden und in eine Schüssel geben, die Sojasauce darüber geben, alles unterheben und einige Zeit im Kühlschrank marinieren lassen.

2. Die Zwiebel schälen und in dünne Ringe schneiden. Die Champignons putzen und in Scheiben schneiden. Knoblauch und Ingwer schälen, den Knoblauch mit einem breiten Messer zerdrücken und fein hacken, den Ingwer ebenfalls fein hacken.

3. Den Wok erhitzen und 3 EL Butter darin schmelzen lassen. Die Zwiebelringe darin anschwitzen, Knoblauch und Ingwer in den Wok geben und kurz mitanbraten. Die Champignons zugeben und ca. 10 Minuten schmoren lassen, bis die Pilze weich sind. Die Zwiebel-Pilz-Mischung aus dem Wok nehmen und beiseite stellen.

4. Den Wok wieder auf die Herdplatte stellen, die restliche Butter darin schmelzen lassen, den marinierten Tofu hineingeben und scharf anbraten. Die Zwiebel-Pilz-Mischung und das Tomatenmark zugeben, unterrühren und mit dem Wein und der Buttermilch angießen. Die Temperatur reduzieren, mit Salz und Pfeffer würzen und die Flüssigkeit etwas einkochen lassen. Ab und zu vorsichtig umrühren.

5. In der Zwischenzeit die Nudeln al dente kochen. Anschließend durch ein Sieb abschütten und mit kaltem Wasser abschrecken.

6. Die Nudeln auf den Tellern anrichten, die Kräuter in die Sauce einrühren, nochmals abschmecken und die Sauce über die Nudeln geben.

Pikante Brombeersauce mit Nudeln

Zutaten:

1 Bund Frühlingszwiebeln
300 g Brombeeren
1 rote Chilischote
1 EL Butter
300 g süße Sahne
Salz
Pfeffer
Zucker
350 g Hörnchennudeln

Zubereitung:

1. Die Frühlingszwiebeln putzen und in Ringe schneiden.

2. Die Brombeeren verlesen, waschen, gut abtropfen lassen und ca. 1/3 der Beeren beiseite stellen.

3. Die Chilischote der Länge nach halbieren, die Kerne und die Scheidewände entfernen und das Fruchtfleisch klein schneiden.

4. In einem Wok die Butter erhitzen, 2/3 der Frühlingszwiebeln und die Chili darin ca. 5 Minuten andünsten, die Sahne angießen, 2/3 der Beeren in die Sauce geben und mitköcheln lassen.

5. Die Sauce mit einem Pürierstab pürieren und durch ein Sieb streichen. Mit Salz, Zucker und Pfeffer abschmecken.

6. Die Nudeln al dente kochen, abseihen, in die Sauce geben und alles gut vermischen. Die zurückgestellten Beeren zu der Sauce und den Nudeln geben und unterrühren.

Die Nudeln mit den restlichen Frühlingszwiebeln bestreuen und servieren.

Brokkoli-Nudeltopf mit Pilzen

Zutaten:

500 g Brokkoli
4 Strauchtomaten
3 Frühlingszwiebeln
3 Knoblauchzehen
4 cm frischer Ingwer
200 g Champignons
1 Bund Petersilie
1 Töpfchen Basilikum
300 g schmale Bandnudeln (Tagliatelle)
Salz
3 EL Olivenöl
100 ml süße Sahne
Salz
Pfeffer
1 Prise brauner Zucker
Worcestersauce

Zubereitung:

1. Den Brokkoli putzen, in einzelne Röschen zerteilen und die Strunke abschneiden. Die Tomaten an der Blüte über Kreuz einschneiden, mit kochendem Wasser übergießen, kurz im Wasser liegen lassen, mit kaltem Wasser abschrecken und die Haut abziehen. Die geschälten Tomaten halbieren, die Kerne entfernen und das Fruchtfleisch klein schneiden. Die Frühlingszwiebeln waschen und in Ringe schneiden. Den Knoblauch schälen, mit einem breiten Messer zerdrücken und fein hacken. Den Ingwer schälen und sehr fein schneiden. Die Champignons putzen und in Scheiben schneiden. Die Petersilie und das Basilikum waschen, etwas trockenschütteln, die Blätter von den Stielen zupfen und fein hacken.

2. In einem Topf Salzwasser zum Kochen bringen und die Nudeln al dente kochen. Anschließend durch ein Sieb abschütten und warm halten.

3. In der Zwischenzeit im Wok Wasser zum Kochen bringen und die Brokkoliröschen ca. 7 Minuten garen, den Brokkoli durch ein Sieb abgießen und mit eiskaltem Wasser abschrecken.

4. Den Wok wieder auf die Herdplatte stellen und erhitzen, das Öl zugeben und die Champignons darin schmoren, das Tomatenfruchtfleisch, den Knoblauch und den Ingwer zugeben und mitschmoren. Die Frühlingszwiebeln und den Brokkoli in den Wok geben, kurz unterrühren, erwärmen und mit der Sahne angießen. Mit Salz, Pfeffer, Zucker und Worcestersauce abschmecken. Die Tagliatelle und die Kräuter in den Wok geben und alles gut vermischen.

5. Vom Herd nehmen und auf Tellern anrichten und servieren.

Gebratener Chicorée mit Ziegenkäse

Zutaten:

4 Chicorée
4 Ziegen-Camembert à 125 g
4 EL Wildpreiselbeeren
2 EL brauner Zucker
2 EL Butter
5 EL Balsamico-Essig
50 ml Rotwein
1/2 TL Sambal Oelek
Salz
Pfeffer
etwas Thymian zum Garnieren

Zubereitung:

1. Die äußeren Blätter vom Chicorée entfernen, den braun gefärbten Teil vom Strunk abschneiden und den Chicorée längs vierteln.

2. Die Butter im Wok erhitzen, die Chicorée-Viertel nacheinander darin anbraten und auf das Abtropfgitter legen. In der verbliebenen Butter den Zucker karamellisieren, mit Balsamico-Essig und Rotwein aufgießen und kurz aufkochen lassen. Die Preiselbeeren dazugeben und die Sauce etwas einkochen lassen. Zum Schluss mit Sambal Oelek, Salz und Pfeffer abschmecken.

3. Den Chicorée mit dem Ziegenkäse auf Tellern anrichten, die Sauce darüber geben und mit dem Thymian garnieren.

Blumenkohl in Fenchel-Zwiebelsauce

Zutaten:

500 g Zwiebeln
400 g Fenchel
40 g Butter
Salz
750 g Blumenkohl
2 Bund Petersilie
1/8 l Buttermilch
weißer Pfeffer
Worcestersauce
1 Prise Muskat
1 Prise brauner Zucker

Zubereitung:

1. Die Zwiebeln schälen und fein hacken. Den Fenchel putzen und fein würfeln. Das Fenchelgrün waschen und grob zerkleinern.

2. Den Wok erhitzen und die Butter darin schmelzen lassen. Die Zwiebeln zugeben und ca. 10 Minuten zugedeckt dünsten, ab und zu umrühren und, wenn nötig, etwas Wasser zugeben, damit sie nicht anbrennen.

3. Die Fenchelwürfel zugeben, mit Salz würzen und weitere 10 Minuten bei geschlossenem Wok dünsten lassen.

4. Den Blumenkohl putzen, in einzelne Röschen zerteilen und in reichlich Salzwasser ca. 15 Minuten kochen.

5. Die Petersilie waschen, trockenschütteln, die Blättchen abzupfen und grob hacken. In eine Schüssel geben, die Buttermilch und das Fenchelgrün zugeben und mit dem Pürierstab pürieren. Mit Worcestersauce, Pfeffer, Muskat und Zucker würzen und in das Zwiebel-Fenchel-Gemüse einrühren.

6. Den Blumenkohl durch ein Sieb abgießen, abtropfen lassen und in der Fenchel-Zwiebelsauce servieren.

Dazu passen Salzkartoffeln.

Gedünstetes Spargel-Karotten-Gemüse

Zutaten:

500 g Spargel
500 g Karotten
1/2 l Gemüsebrühe
Salz
brauner Zucker
1 EL Butter
2 EL heller Saucenbinder
1 Becher süße Sahne
Muskat
1/2 Zitrone (Saft)
2 EL frischer Kerbel oder Petersilie

Zubereitung:

1. Den Spargel schälen und in längere Stücke schneiden. Die Spargelköpfe beiseite legen. Die Karotten waschen, schälen und mit einem Küchenhobel in Scheiben schneiden.

2. Den Wok erhitzen und die Brühe hineingeben. Das vorbereitete Gemüse, bis auf die Spargelspitzen, in den Dämpfeinsatz des Woks legen und in den Wok stellen. Mit Salz und Zucker würzen und die Butter darauf verteilen. Die Karotten und den Spargel bei geschlossenem Deckel 15-18 Minuten dämpfen. Nach ca. 5 Minuten Garzeit die Spargelspitzen zugeben.

3. Den Dämpfeinsatz mit dem Gemüse herausnehmen und beiseite stellen.

4. Die Brühe mit dem Saucenbinder binden. Die Sahne einrühren und mit Muskat und Zitronensaft würzen. Bei geringer Hitze die Sauce etwas köcheln lassen, damit sie abbindet.

5. In der Zwischenzeit den Kerbel oder die Petersilie waschen, etwas trockenschütteln, die Blättchen abzupfen und klein hacken.

6. Das Gemüse zurück in die Sauce geben und die Kräuter darüber streuen.

Zu diesem Gemüsegericht passen Salzkartoffeln.

Kohlröllchen mit Parmesan

Zutaten:

- 1,5 kg Weißkohl, Salz
- 100 g frischer Parmesan
- 2 Bund Thymian, Pfeffer
- 4-5 Knoblauchzehen
- 1 Zweig Rosmarin
- 6-8 EL Olivenöl
- 2 EL Tomatenmark
- 1 Glas getrocknete, eingelegte Tomaten
- 1/8 l Weißwein

Zubereitung:

1. Den Kohl putzen und den Strunk auslösen. In einem großen Topf mit Salzwasser den vorbereiteten Kohl mit dem Strunk nach oben ca. 10 Minuten köcheln, damit sich die Blätter einzeln lösen lassen, ohne einzureißen.

2. Den Kohlkopf aus dem Wasser heben, etwas abkühlen lassen und vorsichtig 24 Blätter ablösen. Die Blätter etwas abtropfen lassen, anschließend den dicken Strunk einschneiden, damit er sich flach drücken lässt.

3. In der Zwischenzeit den Parmesan reiben. Den Thymian waschen, etwas trockenschütteln und die Blättchen abzupfen.

4. Die abgetropften Kohlblätter nebeneinander auf der Arbeitsfläche auslegen, mit Salz und Pfeffer bestreuen und die Hälfte vom Parmesan und die Hälfte der Thymianblättchen darauf verteilen. Die Kohlblätter an der Seite einschlagen und kleine Röllchen wickeln.

5. Den Knoblauch schälen und in Scheiben schneiden. Den Rosmarin waschen, etwas trockenschütteln und die Nadeln abzupfen.

6. Den Wok erhitzen, das Öl zugeben und heiß werden lassen. Die Knoblauchscheiben in das heiße Fett geben und kurz anbraten lassen, bevor der Knoblauch braun wird, ihn mit der Schaumkelle wieder herausnehmen und beiseite stellen.

7. Die Kohlröllchen in das heiße Fett legen und die Temperatur etwas reduzieren. Den gedünsteten Knoblauch und die Rosmarinnadeln auf den Röllchen verteilen und zugedeckt ca. 10 Minuten dünsten. Die Röllchen wenden und weitere 10 Minuten zugedeckt dünsten. Anschließend die Kohlröllchen aus dem Wok nehmen.

8. Den Wein, das Tomatenmark und die klein geschnittenen getrockneten Tomaten in den Wok geben und sprudelnd aufkochen lassen.

9. Die Kohlröllchen auf einer Platte anrichten, die Sauce darüber geben und mit dem restlichen Parmesan und den Thymianblättchen bestreuen.

Dazu schmeckt Reis oder Salzkartoffeln.

Deutsches Wein

Sauerkraut mit Steinpilzen

Zutaten:

1 Dose Sauerkraut
2 Zwiebeln
1 kleiner Apfel
1 EL Öl
1 TL Kümmel
1 Lorbeerblatt
4 Wacholderbeeren
30 g getrocknete Steinpilze
100 ml Gemüsebrühe
250 ml saure Sahne
1 Bund Petersilie
Salz
Pfeffer

Zubereitung:

1. Die getrockneten Steinpilze ca. 30 Minuten in kaltem Wasser einweichen, gut ausdrücken und größere Pilze klein schneiden.

2. Die Zwiebeln schälen und klein hacken.

3. Den Apfel schälen und in kleine Würfel schneiden.

4. Den Wok erhitzen, das Öl zugeben und die Zwiebeln und die Steinpilze darin dünsten. Die Apfelstückchen zugeben, kurz mitdünsten.

5. Das Kraut in den Wok geben, mit Salz, Pfeffer, Lorbeerblatt, Wacholderbeeren und Kümmel würzen und einige Minuten pfannenrühren.

6. Nun mit der Brühe angießen und das Sauerkraut ca. 30 Minuten bei geschlossenem Deckel garen.

7. Die Petersilie waschen, trocknen, die Blätter abzupfen, klein schneiden, in den Wok geben und alles gut durchrühren.

8. Ist das Kraut weich, die saure Sahne einrühren und mit Salz und Pfeffer abschmecken.

Mit Salzkartoffeln servieren.

Frittierte Apfelscheiben

Zutaten:

6 große Äpfel
1 EL Puderzucker
1 Zitrone (Saft)

Für den Teig:
150 g Mehl
1 EL Speisestärke
1 EL Sonnenblumenöl
1 Prise Salz
2 Eigelbe
40 g Zucker
250 ml Milch
1 l Sonnenblumenöl zum Ausbacken
Zimtzucker zum Bestreuen

Zubereitung:

1. Die Äpfel schälen, das Kerngehäuse ausstechen, in ca. 1 cm dicke Scheiben schneiden, mit Puderzucker bestreuen und mit Zitronensaft beträufeln. Die Äpfel abdecken und etwas ziehen lassen.

2. In einer Schüssel Mehl und Speisestärke verrühren und mit Öl, Salz, den Eigelben, Zucker und Milch zu einem zähflüssigen Teig verrühren.

3. Den Teig 20 Minuten ruhen lassen.

4. In einem Wok reichlich Fett erhitzen, die Apfelringe in den Teig tauchen und in dem Fett goldgelb ausbacken. Die Apfelkücherl warm stellen, bis alle ausgebacken sind. Mit Zimtzucker oder einer Vanillesauce servieren.

Vanillesauce:

125 g Puderzucker
3 Eigelbe
1 Vanilleschote
250 g süße Sahne

1. In einer Schüssel den Puderzucker mit den Eigelben so lange schlagen, bis die Masse zähflüssig ist.

2. In einem Wok die Sahne, das ausgeschabte Vanillemark und die Schote zum Kochen bringen (die Vanilleschote der Länge nach aufschneiden und das Mark herausschaben).

3. Nach dem Kochen die Vanilleschote entfernen und die Vanillesahne unter Rühren langsam in die Eiermasse einlaufen lassen. So lange schlagen, bis die Sauce schaumig ist.

Krapfen und frittierte Apfelschnecken

Zutaten für Krapfen:

250 ml Milch
30 g Zucker
1 Würfel frische Hefe
500 g Mehl
2 Eier
60 g Butter
1 Prise Salz
1 ungespritzte Zitrone
Mehl zum Ausrollen
150 g Konfitüre (z. B. Aprikosen)
1 kg Frittierfett
Puderzucker zum Bestäuben

Zubereitung der Krapfen:

1. Die Hälfte der Milch leicht erwärmen und in einer Schüssel die warme Milch, Zucker und die Hefe verrühren.

2. Das Mehl in eine Schüssel geben und in die Mitte eine Mulde drücken. Die Milch-Hefe-Mischung in die Mulde geben und mit etwas Mehl leicht anrühren. Diesen Vorteig zugedeckt an einem warmen Ort gehen lassen.

3. Jetzt die restliche Milch, Eier, Butter, Salz und Zitronenschale zugeben und mit dem Knethaken des Handrührgerätes oder der Küchenmaschine zu einem glatten Teig verarbeiten. An einem warmen Ort zugedeckt ca. 30 Minuten gehen lassen.

4. Auf der bemehlten Arbeitsfläche den Teig ca. 1 cm dick ausrollen.

5. Mit einem Ausstecher (Durchmesser ca. 6,5 cm) Kreise schön eng aneinander ausstechen. Teigreste können ohne weiteres nochmals verknetet, ausgerollt und ausgestochen werden.

6. Auf jeden Kreis in die Mitte mit einem Teelöffel einen Klecks Konfitüre setzen. Den Teig über der Konfitüre zusammenfalten, zudrücken und kleine Kugeln formen.

7. Die Kugeln auf ein sauberes, ausgebreitetes, mit etwas Mehl bestäubtes Küchentuch legen, mit einem zweiten Küchentuch abdecken und nochmals ca. 15 Minuten gehen lassen.

8. In der Zwischenzeit das Fett im Wok erhitzen, das Abtropfgitter am Rand des Wok einhängen.

9. Ist das Fett sehr heiß (Probe mit dem Holzstäbchen machen: Wenn Bläschen aufsteigen, hat das Fett die richtige Temperatur.), die Krapfen darin ca. 1 Minute auf jeder Seite goldbraun ausbacken, mit der Schaumkelle herausnehmen und auf das Abtropfgitter legen, damit das Fett abtropfen kann.

10. Die fertigen Krapfen auf eine Platte legen und im noch heißen Zustand mit Zucker bestäuben.

Zutaten für frittierte Apfelschnecken:

1 Würfel frische Hefe
1/8 l lauwarme Milch
500 g Mehl
180 g Zucker
1 Prise Salz
50 g weiche Butter
1 Ei
750 g Boskoop-Äpfel
1 TL Zimt
1 EL Zitronensaft
1 Eiweiß
1 kg Frittierfett

Zubereitung der frittierten Apfelschnecken:

1. Die Milch erwärmen und die Hefe darin auflösen.

2. In einer Schüssel Mehl, 50 g des Zuckers und Salz vermischen, in die Mitte eine Mulde drücken und die Hefemischung hineingeben und leicht anrühren. Mit etwa Mehl bestäuben und den Vorteig zugedeckt ca. 30 Minuten an einem warmen Ort gehen lassen.

3. Jetzt Butter und Ei zugeben und alles zu einem glatten Teig verkneten. Zugedeckt nochmals ca. 30 Minuten an einem warmen O gehen lassen.

4. In der Zwischenzeit die Äpfe schälen, in Stückchen schnei den und in einer Schüssel mit 30 g Zucker, Zimt und Zitronensaft vermischt ca. 10 Minuten ziehen lassen

5. Auf der bemehlten Arbeitsfläche den Teig zu einem Rechteck von ca. 45 x 30 cm ausrollen, die Äpfel darauf verteilen und die Teigplatte von der Querseite her aufrollen. Den Teigrand mit Eiweiß bestreichen und gut andrücken.

6. Die Rolle in ca. 1 1/2 cm dicke Scheiben schneiden und die Schnecken auf bemehlten Küchentüchern ca. 15 Minuten gehen lassen. Zwischen den einzelnen Schnecken genügend Abstand lassen.

7. In der Zwischenzeit den Wok erhitzen, das Fett darin sehr heiß werden lassen.

8. Die Apfelschnecken nacheinander in das heiße Fett gleiten lassen und goldgelb ausbacken. Auf dem Abtropfgitter abtropfen lassen und noch heiß in Zucker wälzen.

Gebackene Früchte

Zutaten:

2 Äpfel
2 Bananen
1 mittlere Ananas
1 EL Mehl
125 ml Pflanzenöl zum Frittieren
6 EL Zucker
1 gehäufter TL Sesamsamen

Für den Teig:
125 g Mehl
1 großes Ei
8 EL Wasser
1 EL Öl

Zubereitung:

1. Das Mehl in eine Schüssel geben, das Ei aufschlagen und unter das Mehl rühren. Das Wasser zugeben und zu einem geschmeidigen Teig verarbeiten. Ca. 15 Minuten ruhen lassen, dann das Öl unterrühren.

2. Die Ananas, die Äpfel und die Bananen schälen. Alle Früchte in ca. 2-3 cm große Stücke schneiden und mit Mehl bestäuben.

3. Das Pflanzenöl in den Wok füllen und auf 180° C erhitzen. Die Fruchtstückchen nach und nach in den Teig eintauchen und ca. 3 Minuten frittieren, bis sie Farbe bekommen. Aus dem Wok herausnehmen und auf Küchenkrepp abtropfen lassen. Die Früchte können bereits einige Stunden vor dem Weiterverarbeiten frittiert werden.

4. Kurz vor dem Servieren wieder etwas Öl im Wok erhitzen, den Zucker dazugeben und unter ständigem Rühren bei mäßiger Hitze im Öl auflösen. Die vorfrittierten Fruchtstückchen dazugeben und die Sesamsamen darüber streuen. Die Fruchtstückchen so lange wenden, bis sie zur Gänze mit karamellisiertem Zucker überzogen sind.

5. Dekorativ auf einer Platte anrichten und servieren.

Gefüllte Birnen

Zutaten:

4 große Williams-Christ-Birnen
2 EL Zitronensaft
100 g Roquefort-Käse oder
Schimmelkäse nach Belieben
2 TL trockener Sherry
Mehl
1 Ei
Paniermehl
Frittierfett

Zum Garnieren:
eingekochte Preiselbeeren
etwas Zitronenmelisse

Zubereitung:

1. Die Birnen schälen, halbieren, das Kerngehäuse entfernen und die Birnenhälften mit Zitronensaft beträufeln, damit sie nicht braun werden.

2. In einer Schüssel den Käse mit Sherry gut verrühren und die Birnenhälften mit der Mischung füllen.

3. Die Birnenhälften mit etwas Mehl bestäuben und wieder zusammensetzen.

4. In der Zwischenzeit den Wok erhitzen und das Frittierfett darin sehr heiß werden lassen.

5. Zum Panieren der Birnen: Das Ei in einem tiefen Teller verquirlen, auf einen anderen Teller etwas Mehl und auf einen dritten Teller etwas Paniermehl geben. Die wieder zusammengesetzten Birnen zuerst in Mehl, anschließend in Ei und zum Schluss in Paniermehl wenden. Überschüssiges Paniermehl gut abklopfen.

6. Ist das Fett richtig heiß, die Birnen in ca. 4 Minuten ausbacken.

7. Die frittierten Birnen auf das Abtropfgitter des Wok stellen und das überschüssige Fett abtropfen lassen.

8. Anschließend die Birnen auf Tellern anrichten, mit etwas Puderzucker bestreuen und mit den Preiselbeeren und der Zitronenmelisse dekorieren.

Sachregister

:ezeptregister

Wir danken folgenden Firmen für ihre freundliche Unterstützung:

Fissler GmbH, Idar-Oberstein
SIGG/Spring GmbH, Konstanz
Villeroy & Boch, Merzingen
Waechtersbach, Brachttal

Genehmigte Lizenzausgabe
EDITION XXL GmbH
Reichelsheim 2001

Redaktion und Fotos: Food in Wort und Bild, Sigmarszell
Gestaltung und Satz: Mathias Weil und Bernd Trübendörfer

ISBN 3-89736-115-9